LE CODE
DU WISTH

Par

LE CAPITAINE L... C...

Deuxième Édition.

PRIX : 1 FR. 50 C.

Paris,
LIBRAIRIE DE DELHOMME,
Rue du Pont-de-Lodi, 3.
1843

LE

CODE DU WHIST.

LE

CODE DU WHIST

par

LE CAPITAINE L... C...

Deuxième édition.

PRIX : 1 FR. 50 C.

Paris,

LIBRAIRIE DE DELHOMME,

Rue du Pont-de-Lodi, 3.

1843

Paris.—Impr. de Cosse et G. Laguionie, rue Christine, 2

JEU

DE WHIST.

Whist veut dire : Silence.

CODE DU WHIST.

Le succès vraiment extraordinaire que mon *Code du Whist* a obtenu dans les salons, et surtout l'accueil plein de faveur qu'il a reçu des personnes auxquelles je l'avais dédié, sont bien de nature à m'encourager dans une publication nouvelle. Quelques amis, d'ailleurs passionnés pour cet admirable jeu, m'ont prié de leur donner une deuxième

1*

édition de mon traité. En faisant à leur égard acte de condescendance, c'est un hommage que je veux rendre à cet esprit de société qui les distingue si éminemment : et en effet, soit comme partenaires, soit comme adversaires, soit qu'ils grondent, soit qu'ils applaudissent, soit qu'ils gagnent, soit qu'ils perdent, on est toujours sûr de retrouver en eux cette gracieuse amabilité qui fait le charme de la partie.

Comme depuis quinze ans le Whist a subi, en France, de notables changements, et que chaque jour encore des modifications nouvelles sont apportées dans l'ensemble du jeu, nous ne parlerons ici que du mode adopté et des règles suivies dans les cercles pour cette année *mil huit cent quarante-trois.*

Le jeu de *Whist* est, sans contredit, de tous les jeux de cartes, le plus sérieux, le plus difficile, le plus piquant et le mieux combiné. C'est un jeu tout d'attention, de calcul et de finesse exquise. Il exige un esprit d'observation, une délicatesse de tact qui ne sont pas donnés à tout le monde ; aussi, bien que le Whist se joue aujourd'hui dans presque toutes les villes de France, il est rare cependant de rencontrer ce que l'on appelle un bon joueur de Whist.

Sans doute il y a des maximes générales qu'il est essentiel de connaître, mais elles se modifient en tant de circonstances, il serait parfois si dangereux de les suivre, que nous ne voulons poser ici aucune espèce de théorie. Notre seul but d'ailleurs est de tracer les règles du jeu; aussi nous n'écrivons point pour ceux qui veulent apprendre, mais bien pour ceux qui savent déjà.

Nous nous proposons, néanmoins, de donner à la fin de ce petit travail quelques notions faciles à saisir et dont la pratique démontrera la justesse.

Les Instructions sur le jeu de Whist publiées par M. Commercy, propriétaire du *Cercle Français*, renferment tout ce que l'on peut désirer pour l'étude et l'application des principes généraux. *Le Génie du Whist* par le général Vautré, et *l'ouvrage* de M. Deschappelle fournissent également des aperçus d'un haut mérite, qu'il est utile, indispensable même, de lire et d'étudier. Mais nous osons assurer qu'aucun traité n'a encore, comme celui-ci, présenté d'une manière aussi méthodique et aussi complète les règles de cet incomparable jeu, c'est pourquoi nous avons donné à cet opuscule la dénomination de : *Code du Whist.*

En traçant ici les lois du Whist nous voudrions, sur toute chose, amener à un mode d'uniformité pour consacrer les droits et les devoirs de chacun, caractériser les fautes et les erreurs, et faire l'application des peines. Car, les règles publiées jusqu'à ce jour sont toutes divergentes et souvent inintelligibles. On sait bien que pour ce qui concerne certains accessoires du jeu, le Whist comporte des modifications dont les joueurs peuvent convenir à l'avance, et qui ne changent rien aux règles proprement dites. Ainsi naguère le Whist se jouait en dix points, on chantait à huit; aujourd'hui on ne connaît plus cela : le Whist se joue en *quatre, cinq, six et sept points.* Dans le premier cas, et c'est le plus savant, les honneurs ne comptent pour personne; dans le deuxième, on ne compte que les honneurs excédant la moitié;

dans le troisième, on compte les honneurs
que l'on a, moins ceux de ses adversaires; et
dans le quatrième, chacun compte les siens.
Eh bien! ceci encore n'est point invariable,
et de même qu'en commençant la partie, on
fixe la valeur des fiches, de même aussi l'on
doit fixer le nombre de points de chaque
manche et la manière de compter les honneurs, et disons tout de suite que le mode le
plus généralement adopté aujourd'hui, sans
doute parce qu'il est le plus expéditif, est de
jouer la manche en cinq points et de compter
les honneurs que l'on a moins ceux du parti
contraire. C'est-à-dire que deux honneurs ne
marquent pas, trois honneurs marquent deux
points, et quatre honneurs marquent quatre
points.

Il est beaucoup de localités où, en comptant les honneurs ainsi qu'on vient de le dire,
on joue la manche en dix points, mais alors
chaque levée compte pour deux points. Cette
manière de marquer est absolument la même
que celle qui consiste à jouer en cinq points,
et à ne marquer des honneurs que ceux
excédant la moitié.

Quels que soient les changements apportés à la forme extérieure du Whist, le fond, c'est-à-dire le jeu de la carte, reste toujours le même avec ses calculs, ses combinaisons et ses surprises, attrait irrésistible qui vous charme et vous séduit!!

Les hommes faits aiment le Whist, parce que, redisons-le, c'est un jeu tout d'attention, de calculs et de combinaisons sérieuses.

Les femmes, malgré le silence qu'il leur impose, l'aiment également, parce que c'est un jeu de délicate finesse et d'aimable bouderie.

Les jeunes gens, il faut leur apprendre à l'aimer, parce que ce n'est point un jeu d'argent.

On verra que notre Code du Whist est classé avec méthode, et de manière à faciliter les recherches : ainsi, dans un titre préliminaire, nous groupons tout ce qui constitue le jeu : *Robre; Manche* ou *Partie; Tricks* ou *Levées; Honneurs; Marques; Points; Schelem* et *Galerie.*

Puis, abordant la formation de la partie, nous conduisons le lecteur jusqu'à sa fin, en lui faisant connaître successivement la marche, les phases et les règles du jeu, ainsi que les droits et les devoirs des joueurs.

Ce petit travail a un but d'utilité : nous le dédions aux jeunes dames dont nous avons toujours été le zélateur ; elles apprendront à leurs enfants les éléments et les règles du Whist pour détruire en eux la funeste et trop fréquente passion du jeu.

TITRE PRÉLIMINAIRE.

————

1. Le *Whist* est le nom du jeu ; il signifie *silence!*

2. Le *robre de Whist* est une partie liée dont chaque manche est en quatre, cinq, six ou sept points, suivant que les joueurs en conviennent au moment où ils prennent place au tapis. Art. 131.

3. Les *levées* ou *triks* sont le tour et la réunion des quatre cartes fournies par les joueurs. Art. 101.

4. Chaque levée ou trick excédant le nombre six, se compte pour un point.

5. Les *honneurs* sont : l'as, le roi, la dame et le valet. Art. 107.

6. Lorsque la *manche* est en quatre points, les honneurs ne comptent pour personne ;

lorsqu'elle est en cinq points, on ne compte des honneurs que ceux excédant la moitié; lorsqu'elle est en six points, on compte les honneurs que l'on a, moins ceux de ses adversaires; lors enfin qu'elle est en sept points, chaque parti compte les siens.

7. Le mode le plus expéditif et le plus généralement suivi, est de jouer la manche en cinq points, et de marquer les honneurs que l'on a, moins ceux du parti contraire, c'est-à-dire que trois honneurs se marquent deux points, et quatre honneurs se marquent quatre points.

8. Quand la manche se joue en cinq, six ou sept points, les honneurs ne comptent plus alors que l'on est à quatre, cinq et six, c'est ce qu'on appelle *être au puits*.

9. En toutes parties, les tricks se comptent avant les honneurs.

10. Les points se marquent avec des jetons; les manches se marquent avec des fiches.

11. Quand on joue le Whist à quatre points, un jeton empêche de perdre la partie triple; deux jetons empêchent de la perdre double.

12. Quand on le joue en cinq, six ou sept points, un jeton empêche de perdre triple; trois jetons empêchent de perdre double.

13. Le gain du robre emporte avec lui le gain de deux fiches *dites de consolation;* par conséquent le robre plein est de huit fiches.

14. Le *schelem* est la réunion, dans un même parti, des treize levées que comporte le jeu. Le schelem se paie huit fiches et ne compte pour rien dans le robre. Art. 127.

15. La *galerie* doit être, à ce jeu, silencieuse comme les joueurs eux-mêmes. Art. 20.

De l'Application des Règles.

16. Au Whist les fautes sont solidaires, et les règles sont de rigueur ; les bons joueurs doivent en réclamer la sévère application pour eux-mêmes.

17. On peut convenir que la perte résultant d'une renonce, restera à la charge du joueur fautif.

18. Il est aussi des peines qui peuvent être réputées comminatoires. Art. 123 et 124.

19. Si nonobstant la pénalité, un joueur commettait souvent des fautes qui, passant inaperçues, lui seraient profitables, on doit cesser de l'admettre à la partie.

De la Galerie.

20. Il est expressément défendu, même aux personnes qui seraient intéressées à la partie, de donner aucun avis, ni de faire aucun signe approbatif ou improbatif, sous peine d'être prises à partie.

21. La galerie ne doit parler ou se prononcer à l'occasion d'un coup, que sur l'interpellation des joueurs. En fait, elle décide comme jury ; en droit, elle interprète ou supplée les lois écrites.

22. Il est du devoir de la galerie de signaler les points indûment marqués ; mais elle ne doit point, d'office, rappeler ceux oubliés.

23. Si la galerie s'apercevait de fautes ou d'infractions fréquentes, ainsi qu'il est dit aux art. 19, 54, 92 et 122, on doit en prévenir les autres joueurs, seulement après la partie levée.

De la Formation de la Partie et de l'Organisation des Tables.

24. La partie se forme avec quatre, cinq ou six personnes.

25. Avec quatre personnes, les places et les partenaires se tirent à la fin de chaque robre.

Cependant on peut convenir :

Ou que la revanche se donnera en état;

Ou que l'un des joueurs sera tour à tour partenaire et adversaire des trois autres : c'est ce qu'on appelle la partie *à tourner.*

26. Avec cinq personnes, le sort décide, à la fin de chaque robre, quel sera le joueur sortant, de manière que chacun fasse un égal nombre de robres.

27. Avec six personnes, le sort décide, après le premier robre, quels seront les deux joueurs sortants, puis, chacun a le droit de faire deux robres de suite.

28. Lorsqu'une table n'est composée que de quatre ou cinq joueurs, les personnes qui surviennent doivent être admises jusqu'à complément. Lorsqu'elle est composée de six joueurs, la partie est complète. Néanmoins les personnes qui surviennent peuvent prendre un rang d'inscription comme *remplaçants.*

29. Si lors de la formation de la partie, il se présente plus de six personnes, elles sont classées par le sort, d'abord comme *rentrants* puis comme *remplaçants.*

30. Les joueurs qui ont procédé au tirage ou qui se sont fait inscrire, perdent leur rang.

s'ils ne se présentent pas à temps : après la coupe ils sont déchus ; de rentrants ils deviennent remplaçants.

31. Deux tirages au sort sont nécessaires pour compléter l'organisation des tables.

32. On met deux jeux de cartes entiers et de couleurs différentes sur la table, quatre jetons devant chaque joueur, et quatre fiches au panier. On étend en demi-cercle, sur le tapis, l'un des jeux de cartes, et chacun des joueurs en prend une. Les quatre plus basses commencent la partie, les deux autres sont pour rentrer. Art. 132.

33. Les quatre personnes, ainsi désignées par le sort, tirent la carte une seconde fois pour connaître leurs partenaires ; les deux plus basses sont ensemble contre les deux plus hautes. Celui des joueurs qui prend la carte la plus basse a le privilége de la place, le choix des cartes, et la primauté de la donne.

34. Quand les siéges sont pris et les cartes coupées, on ne peut ni changer les places, ni phaser les jeux.

35. Les quatre premiers joueurs assis, pour commencer le premier robre, fixent le nombre des points de chaque manche, la marque des honneurs et le prix de la fiche. Il n'est plus ensuite permis de déroger aux bases par eux établies.

36. L'as, qui, dans le cours de la jouerie, est la carte la plus forte, se considère comme la plus faible quand il s'agit de former la partie. C'est toujours le carte suprême.

37. Si, lors du tirage au sort, conformément aux art. 32 et 33, deux ou plusieurs joueurs prennent des cartes égales, ces mêmes joueurs recommencent; mais la carte la plus basse, primitivement tirée, conserve les avantages qui lui sont acquis pour la place, le jeu et la donne, ainsi qu'il vient d'être dit en l'art. 33.

De la Coupe et de la Donne.

38. Après le tirage au sort et les conventions établies, les partenaires se placent vis-à-vis l'un de l'autre; la personne qui a pris la carte la plus basse, choisit celui des jeux qui lui convient, le mêle et le présente, pour la coupe, à son adversaire de droite.

39. A défaut de coupe, ou en cas de coupe irrégulière, tous les joueurs ont le droit, avant la triomphe connue, de faire remêler et couper.

40. Celui des joueurs qui doit couper, a le droit de battre les cartes; celui qui donne a le droit de les battre le dernier.

41. Si le coupeur prend moins de cinq cartes à la main, ou en laisse moins de cinq au talon, le donneur peut faire couper une seconde fois.

42. Le donneur, après la coupe, distribue les cartes de gauche à droite, posément, une à une, et retourne la dernière, qu'il laisse devant lui, sur le tapis, un peu à sa gauche, où elle reste jusqu'à la cinquième carte jouée. La dernière carte du jeu, ainsi retournée, *est l'atout ou la triomphe.*

43. Le droit de la donne se perd et la main passe au parti contraire dans les trois cas suivants : Lorsque le donneur, avant la distribution complète, montre ou regarde la carte de dessous ; lorsqu'on s'aperçoit d'une erreur dans la distribution, soit au cours, soit à la fin de la donne, et lorsque la triomphe est jetée sur le tapis sans être retournée.

44. Si l'un des joueurs reçoit deux cartes, l'erreur ne peut être rectifiée quand le joueur suivant a été servi. La main passe.

45. Les joueurs ne peuvent relever leurs cartes qu'après la triomphe connue ; s'ils en agissaient autrement, la main ne passerait pas pour erreur de distribution, à moins que l'infraction ne vînt du partenaire de celui qui donne.

46. Si, au cours de la donne, une carte, même la dernière, est aperçue retournée soit dans le jeu, soit en la jetant sur le tapis, le parti adverse peut se consulter pour laisser continuer ou pour faire recommencer le donneur; mais la main ne passe pas.

47. Pendant le cours de la donne, chacun des joueurs peut faire ses observations, discuter sur les coups, applaudir ou gronder son partenaire; mais une fois la triomphe connue, les cartes se ramassent, se comptent, se trient, et le silence le plus absolu doit être observé par tout le monde.

48. Si en comptant leurs cartes, et avant que le premier trick n'ait été relevé et quitté, les joueurs s'aperçoivent qu'il y a eu mal-donne, la main passe.

49. Si les joueurs ne s'aperçoivent de la mal-donne qu'après le premier trick fait, relevé et quitté, il y a lieu à l'application de l'article 82.

50. Lorsque les joueurs ramassent, comptent et trient leurs cartes, il est défendu, sous peine de perdre un point, de les placer par paquets sur le tapis. Art. 123 et 124.

Du Tour à donner.

51. Après le tirage au sort, conformément

à l'art. 33, le joueur favorisé choisit, prend et distribue les cartes.

52. Le partenaire de celui qui donne, doit, pendant la distribution des cartes, prendre et arranger l'autre jeu, puis le placer à la gauche de son adversaire de droite, afin de lui indiquer son tour à donner.

53. Si, par inadvertance, un ou plusieurs joueurs laissent passer leur tour à donner, l'erreur peut se rectifier jusqu'à la triomphe, mais l'atout une fois connu, tout est couvert, les jeux de cartes restent aux partis qui les ont, et la donne suivante continue sans rétrograder. Art. 58.

54. Si l'on s'apercevait qu'un joueur eût la fréquente habitude de prendre les cartes et de donner hors tour, on devrait cesser de l'admettre à la partie.

De la Triomphe.

55. La *triomphe* est la dernière des cinquante-deux cartes du jeu ; elle se retourne, se place un peu en avant et à la gauche de celui qui donne et doit rester sur le tapis, jusqu'après le premier trick, mais la cinquième carte une fois jouée, le donneur doit la remettre dans son jeu, sous peine de la voir

appeler, conformément aux art. 65 et suivants.

56. Lorsque la triomphe est relevée, on peut toujours demander la couleur, mais on ne peut plus demander la carte.

57. Quand la triomphe est connue, toute erreur ou omission est couverte, et rien ne peut être changé au tapis.

58. La triomphe est une prescription. Art. 57 et 110.

De la Jouerie et des Droits et des Devoirs des Joueurs.

59. On appelle *jouerie* l'action des joueurs depuis le jet de la première carte et la formation du premier trick, jusqu'au jet de la dernière carte et le relevé du dernier trick.

60. Chaque joueur doit, à son tour, jeter devant soi sa carte sur le tapis, sans la toucher ni la tirer à l'avance. Si les cartes viennent à se confondre, on a le droit de demander le tableau, mais personne, sous peine de perdre un point, ne peut le former sans que la demande n'en ait été adressée. Art. 123 et 124.

61. Le tableau ne doit plus être fait quand les quatre cartes du tour sont sur le tapis.

62. Les cartes qui seraient tirées et même

touchées avant le tour à jouer peuvent être étalées et appelées. Art. 65 et suiv.

63. Il ne doit y avoir sur le tapis, pendant la jouerie, que quatre cartes en vue ; aussi quand un trick est commencé, on ne peut regarder les cartes du précédent. Art. 105.

64. Les causes qui, dans le cours de la jouerie peuvent donner lieu à l'application des règles et punitions, sont :

La carte vue ou tirée. Art. 65.

Le tour à jouer pour entamer ou fournir. Art. 73 et 79.

L'erreur dans le nombre des cartes. Art. 81 et 82.

La renonce. Art. 84 et suiv.

La parole ou le geste. Art. 92 et suiv.

L'abat des cartes. Art. 97 et suiv.

La marque indue ou différente des points ou des jetons. Art. 113 et 114, et aussi les art. 58 et 110.

De la Carte vue ou tirée.

65. Toute carte *vue* ou même *tirée* est à la discrétion du parti contraire. Elle pourra être *étalée*.

66. Lorsque par inadvertance ou autre-

ment, un joueur tire de son jeu, montre, ou fait voir une ou plusieurs cartes, les adversaires peuvent, pendant le cours de la jouerie, mais une fois seulement, commander la carte, ainsi qu'il suit :

67. Si l'on joue dans la couleur aperçue, on peut appeler la carte vue, ou plus haute ou plus basse ;

Si l'on joue dans une renonce, on peut refuser ou appeler la carte vue, ou plus haute ou plus basse ;

Si la carte vue a été fournie hors tour, ainsi qu'il est dit aux art. 79 et 80, on peut exiger coupe ou non coupe.

68. Le joueur fautif doit être commandé à temps.

69. Si l'entame du coup lui appartient, il doit provoquer la commande.

70. Toute carte tirée est censée jouée.

71. Toute carte vue qui a été commandée, ou qu'on a laissé jouer sans commande, est libérée.

72. Toute commande mal exécutée équivaut à une renonce.

Du Tour à jouer. — Entamer et Fournir.

Entamer.

73. Lorsqu'un joueur entame un coup

avant son tour, il faut pour l'application de la peine, distinguer si c'était à son partenaire à jouer, ou bien si c'était à l'un des deux autres associés.

74. Si c'était au partenaire, le parti contraire peut se consulter pour faire ouvrir la couleur qui lui convient; et s'il arrivait que le joueur n'eût pas de la couleur demandée, il jouerait à sa volonté dans une des trois autres.

75. Si c'était à l'un des deux autres associés, ces derniers peuvent également se consulter pour entamer eux-mêmes la couleur qu'ils jugeront à propos.

76. Dans l'un comme dans l'autre cas, les adversaires de celui qui a entamé hors son tour, ont le droit ou de maintenir la carte jouée, ou de la faire étaler. Art. 65 et 70.

77. Si, partageant l'erreur du premier joueur, le deuxième et le troisième jettent leurs cartes, la punition n'est point infligée à ces deux derniers.

78. Si l'erreur devient commune à tous les joueurs, la quatrième carte une fois connue, la faute est couverte, la levée se relève et la jouerie continue.

Fournir.

79. Si, avant son tour venu, l'un des

joueurs fournit, ou même tire une carte de
son jeu, les adversaires ont le droit de se consulter pour prendre ou laisser, et d'appeler
plus haute ou plus basse de la couleur jouée.

80. Dans le cas où, à défaut, la carte fournie ou tirée ne serait pas de la couleur jouée,
les adversaires ont le droit :

Ou de commander plus haute ou plus
basse;

Ou d'exiger coupe ou non coupe. Art. 67.

De l'Erreur dans le nombre des cartes.

81. Si, en comptant leurs cartes après la
donne, et avant que le premier trick n'ait été
relevé et quitté, les joueurs s'aperçoivent
d'une erreur dans la distribution, il y a refait,
et la main passe. Art. 43.

82. Quand l'erreur ne se reconnaît qu'a-
près le premier trick levé et quitté, si le
joueur qui a moins de treize cartes, trouve
son complément dans le jeu de ses adversaires, il y a refait, et la main passe. S'il le trouve
dans le jeu de son partenaire, à la volonté du
parti contraire :

Ou il y a refait, et la main passe;

Ou il y a rectification. Art. 49.

83. La rectification s'opère en pronant au

hasard les cartes d'un jeu pour compléter l'autre.

De la Renonce.

84. Ne pas fournir à la couleur entamée, bien qu'on en ait dans son jeu, cela s'appelle *renoncer*.

85. Lorsque dans le cours de la partie un joueur s'aperçoit que l'un de ses adversaires a mal à propos renoncé à la couleur, la faute se signale, se vérifie, et la jouerie se continue sans rien changer aux cartes. Cette faute donne lieu à la perte de deux points, et si, nonobstant cette perte, le parti qui a failli comptait encore assez de points pour gagner la manche, il resterait au puits. Art. 8.

86. La renonce n'est complète, et les points ne sont acquis aux adversaires que quand les quatre cartes sont ramassées, tournées et quittées, ou lorsque le parti renonçant a joué la carte du coup suivant; jusqu'à ce dernier moment l'erreur peut être rectifiée et même le partenaire du renonçant peut lui demander la couleur, et celui-ci reprendra sa carte.

87. La carte reprise sera étalée, et en outre, le joueur fautif fournira à la couleur jouée plus haute ou plus basse.

88. Lorsque le renonçant reprend sa carte,

ceux qui avaient joué après lui reprennent également les leurs, et l'on peut appeler et la carte du renonçant et celle de son partenaire, conformément aux articles 65 et suivants.

89. Si la renonce se signale avant la consommation du coup suivant, ou si elle a lieu alors qu'il ne reste que trois cartes aux mains des joueurs, les adversaires peuvent exiger que les cartes soient reprises et jouées régulièrement sans punition.

90. Les renonces se compensent. Elles peuvent se cumuler les unes pour gagner, les autres pour faire démarquer et recevoir, au cas, double ou triple.

91. La renonce est couverte quand la jouerie est terminée et quand les cartes sont ramassées.

De la Parole et du Geste.

92. De toutes les infractions, celles qui méritent une sévère application des peines, sont les indications qu'un partenaire pourrait faire à son associé.

93. On suppose toujours que ces indications sont involontaires, autrement il faudrait cesser d'admettre à la partie ceux qui s'en rendraient coupables.

94. Toute parole, tout geste, tout signe, qui auront pour but de faire continuer ou changer la couleur; de faire jouer atout; de rappeler les cartes passées; de signaler une carte maîtresse, etc., etc., sont punis de la perte de deux points. La galerie décide. Art. 123 et 124.

95. Si un joueur indiquait que telle carte est dans son jeu, outre la perte de deux points, la carte peut être appelée comme carte vue. Art. 65 et suiv.

96. Si cet appel avait lieu, et qu'il y eût erreur de la part de l'appelant, on pourrait le forcer, lui ou son partenaire, pendant tout le cours de la jouerie, mais une fois seulement, à fournir plus haute ou plus basse d'une couleur quelconque.

De l'Abat et de la Perte des cartes.

97. Lorsque l'un des joueurs met toutes ses cartes à découvert, les adversaires ont le droit de faire étaler les quatre jeux sur le tapis et d'appeler les cartes à volonté, sans cependant pouvoir faire renoncer à la couleur.

98. Si un joueur laisse tomber une ou plusieurs cartes, et que l'absence inaperçue de ces cartes ait donné lieu à une renonce,

il s'ensuit application des art. 64 et suiv.,
84 et suiv.

99. Si la carte absente est cinquième dans
une levée et de couleur différente, il y aura
renonce, et application des mêmes articles.
Cette carte sera étalée.

100. Les cartes tombées et ramassées peuvent être étalées et appelées.

Des Tricks et des Honneurs.

101. Les *tricks* ou *levées* se comptent avant
les honneurs. Il est des cas où les honneurs
ne se comptent pas. Art. 8.

102. La levée est la réunion des quatre
cartes.

103. Celui des partenaires qui relève le
premier trick, doit relever tous les autres et
les placer devant lui sur le tapis, de manière
que chacun des joueurs puisse en connaître
le nombre.

104. Si l'un des joueurs ramassait un trick
appartenant à son adversaire, l'erreur peut
se rectifier pendant toute la jouerie et tant
que les cartes ne sont pas réunies.

105. Les cartes d'un trick ne peuvent plus
être vues quand le trick suivant est commencé. Art. 63.

106. Faire six levées, c'est *faire son devoir;* faire la septième, c'est gagner le *trick.* Art. 4.

107. Les *honneurs* sont : l'*as,* le *roi,* la *dame* et le *valet.*

108. Les honneurs se comptent et se marquent suivant les conventions faites au commencement de la partie. Art. 7.

109. Les tricks et les honneurs doivent, après la jouerie, s'annoncer intelligiblement, et se marquer également et uniformément par chacun des associés. Art. 112, 113 et 114.

110. Les levées et les honneurs ostensiblement annoncés et marqués pendant la donne, ou négligemment oubliés, restent acquis ou perdus quand la triomphe est connue. Art. 58.

De la Marque des Jetons.

111. Chaque levée excédant le nombre six se compte un point; il en est de même des honneurs, ils se comptent également un point.

112. Après la jouerie terminée, chacun des associés doit annoncer *hautement,* d'une manière *distincte,* et marquer *uniformément* avec des jetons, les levées et les honneurs de leur jeu. Art. 109.

113. S'ils marquent *l'un* et *l'autre* des points qu'ils n'ont pas, la punition est immédiatement acquise : les adversaires les font effacer et marquent eux-mêmes les points qui avaient été indûment comptés. Art. 109 et 110, et aussi Art. 123 et 124.

114. Si l'un met à sa marque plus de jetons que n'en met l'autre, les adversaires ont le droit de rappeler à l'égalité, et s'il y a divergence ou incertitude à la table comme à la galerie, on s'arrête à la marque la plus faible.

115. Si les erreurs dans la marque ne sont pas signalées de suite, tellement qu'il puisse y avoir incertitude, la galerie décide.

116. Si pendant la donne deux associés sont dans l'incertitude sur le nombre de leurs tricks et de leurs honneurs, celui qui tient les cartes ne doit faire connaître la triomphe qu'après leur indécision fixée et leurs jetons placés, ou s'il l'a fait connaître avant, ils sont toujours en droit de les marquer.

117. Si dans le cours de la partie des joueurs démarquent où font tomber leurs jetons, il y a application de l'art. 114.

De la Marque des fiches.

118. Lorsque la manche est finie, c'est-à-dire lorsque l'un des partis a gagné la quotité des points qui la constitue, les associés gagnants *doivent recevoir* des associés perdants, une, deux ou trois fiches, suivant le nombre de jetons que ceux-ci ont obtenus, ainsi qu'il est dit aux art. 11 et 12. Le parti qui laisse prendre les fiches est censé les donner.

119. Si l'un des joueurs gagnant la manche, reçoit de son adversaire ou prend lui-même au panier plus de fiches qu'il ne lui en revient, l'erreur peut toujours se rectifier, même après la triomphe connue.

120. Si l'un des joueurs croyant avoir gagné la manche, reçoit de son adversaire ou prend lui-même au panier une ou plusieurs fiches qui ne lui sont pas acquises, l'erreur se relève de la même manière.

121. Lorsque les erreurs dans la marque des jetons et des fiches ne sont pas relevées immédiatement et qu'il y a incertitude, la galerie décide.

122. Si un joueur commettait souvent, dans la marque, des inadvertances qui, passant inaperçues, lui deviendraient profitables, on doit cesser de l'admettre à la partie. Art. 23.

Points perdus, et Manière d'appliquer la peine.

123. Les cas qui, dans le cours de la jouerie, peuvent donner lieu à la perte de un ou plusieurs points sont :

La mise des cartes en paquet, art. 50;

La formation du tableau, art. 60;

La renonce, art. 85;

La parole et le geste, art. 94;

La marque indue des levées et des honneurs, art. 113.

124. Toutes les dispositions pénales énoncées en l'article précédent, à l'exception de celles relatives à la renonce, sont souvent considérées par les joueurs comme simplement comminatoires. Art. 135.

125. Lorsque deux associés ont encouru la perte d'un ou plusieurs points, les associés contraires ont le droit ou de diminuer les points sur la marque de leurs adversaires ou de les ajouter à la leur, sans morceler.

126. Quand la perte des points est encourue pour cause de renonce, il peut arriver tout à la fois que le parti contraire gagnera deux points, et que le parti fautif en perdra autant et plus, puisque quel que soit le nom-

bre de jetons qui restât à ce dernier, il est obligé de s'arrêter au puits. Art. 8 et 85.

Du Schelem.

127. Le Schelem est le gain, dans un même parti, des treize levées que comporte le jeu. Il se paie huit fiches, et ne compte pour rien dans le Robre. Art. 14.

128. Le parti dont l'un des associés a indûment accusé une renonce, ne peut ni faire le Schelem ni gagner la manche. Art. 85.

Du Jeu faux.

129. Un jeu est faux quand il contient plus ou moins de 52 cartes, ou des cartes doubles, ou des cartes bisautées.

130. Lorsque dans le cours d'une partie, on s'aperçoit que le jeu est faux, le coup seul où la découverte est faite reste annulé, les précédents sont bons.

Du Robre.

131. Le Robre est le gain de deux manches ou parties. Il emporte avec lui le gain de deux fiches de consolation : le Robre plein est de huit fiches. Art. 13.

132. Quand le Robre est terminé, les comptes se font, les fiches se paient, les rentrants se présentent pour remplacer les joueurs sortants. Art. 24 et suiv. ; 32 et suiv.

133. Si l'un des partis, croyant avoir gagné le Robre, réclame ou reçoit le prix convenu, l'erreur peut toujours être vérifiée. Art. 119 et 120.

134. Ceux qui commencent un nouveau Robre ne peuvent rien changer aux conventions qui avaient été établies par les précédents ; ou bien, les sortants qui rentreraient doivent être admis dans leur réclamation. Art. 35.

CONCLUSION.

135. Les joueurs peuvent apporter des modifications aux règles du jeu, mais les conventions dérogatoires doivent être établies à l'avance.

136. Il ne doit jamais y avoir de discus-

sion entre les joueurs : les faits sont expliqués posément à la galerie qui décide en dernier ressort. Art. 20 et suiv.

QUELQUES

APERÇUS

SUR LA MANIÈRE DE JOUER

LE WHIST.

—

Nous avons dit au commencement de notre traité, qu'il ne pouvait y avoir de règles absolues dans la manière de jouer la carte. Aussi les Tableaux synoptiques de M. A. et les Commentaires du colonel V. ne doivent être considérés que comme de simples notions qu'il est bon de consulter ; car il est telle jouerie qui, profitable dans une hypothèse donnée, deviendra funeste dans dix autres. Il faut donc laisser à l'intelligence la combinaison des calculs et la finesse de la carte, à l'aide desquelles on sauve souvent une partie

quand on est dans l'impossibilité de la gagner.

Ainsi, il est bien entendu que c'est avec
toutes réserves que nous posons les maximes
suivantes :

I.

Observations préliminaires.

1. Whist, c'est silence, attention !

2. Jouerie, c'est combinaison, finesse.

3. Quand on ne peut gagner la partie, il
faut la sauver.

4. On joue avec vingt-six cartes : six dans
deux couleurs, et sept dans chacune des deux
autres.

5. Il y a deux à parier contre un que
votre adversaire de gauche n'a pas la carte
immédiatement supérieure à la vôtre.

II.

De l'Entame des couleurs.

6. Entamez par la couleur la plus nombreuse.

7. Entamez de préférence par les grosses cartes.

8. Il vaut mieux suivre la couleur entamée que d'en ouvrir une nouvelle.

9. Il est rare que la troisième carte d'une couleur entamée, ne soit pas coupée.

10. Entamer par un *singleton*, c'est mauvais jeu.

11. Entamer par *atout*, c'est beau jeu.

12. La perte ou le gain de la partie est souvent dans l'entame de la première couleur.

III.

Des Invites.

13. Toute carte doit être considérée comme une *invite*.

14. Les petites cartes sont des *invites précises*, les moyennes sont des *invites équivoques*.

15. Sur trois invites par une petite carte, deux sont *fatales*. Art. 8.

16. Si votre partenaire invite par une petite carte, mettez la plus forte.

17. S'il invite par une moyenne, consultez votre jeu.

18. S'il invite par une grosse, on ne met point *honneur* sur *honneur*.

19. Vous n'êtes pas obligé de répondre immédiatement à l'invite de votre partenaire.

20. On ne doit point faire d'invite à un as cinquième. Art. 9.

21. Si votre adversaire de gauche fait une invite fatale, c'est le cas de la *contre-invite*.

22. Invitez à la couleur la plus nombreuse et continuez. Art. 6 et 8.

IV.

De l'Atout.

23. La jouerie d'atout est la meilleure. Art. 11.

24. Si votre partenaire invite d'atout, répondez.

25. Si votre partenaire n'a pas à atout, jouez toujours atout.

26. Si votre partenaire renonce sans vouloir couper, jouez atout.

27. Si votre adversaire de gauche tourne un *honneur*, jouez *l'atout de position*.

28. Si vous êtes embarrassé pour l'entame ou l'invite d'une couleur, jouez atout.

29. Si vous avez de belles cartes, jouez atout; toujours atout. Art. 11.

V.

Des Passes ou Impasses.

30. Les *impasses* se font pour dissimuler sa plus grosse carte.

31. Si votre partenaire ou votre adversaire de droite fait invite dans une couleur où vous avez l'as et la dame, faites l'impasse de votre as, et donnez votre dame.

32. On fait ainsi des passes quand on a intérêt à prendre la main plus tard.

33. On ne fait d'impasses ni avec l'as cinquième, ni avec l'as et le roi, ni avec le roi et la dame.

34. Il ne faut point faire d'impasse quand la *levée* assure le *trick* ou quand elle empêche de perdre la manche.

35. Toute passe est bonne quand il n'y a plus d'atout et que la couleur n'est point épuisée.

VI.

Se Défausser.

36. Se *défausser* d'une petite carte indique la faiblesse dans la couleur.

37. Si votre partenaire se défausse d'une carte moyenne, attaquez-le dans cette couleur.

38. S'il se défausse d'une petite carte dans une couleur, puis dans une autre, attaquez dans la dernière.

39. Si vos adversaires se défaussent l'un ou l'autre d'une couleur où vous avez les fortes cartes, hâtez-vous d'entamer cette couleur.

40. Il vaut mieux souvent se défausser que de couper.

VII.

Coupes.

41. Couper mal à propos est souvent la perte du jeu. Art. 40.

42. Si vous avez plusieurs atouts et une couleur forte, gardez-vous de couper.

43. Si votre partenaire refuse de couper, changez la couleur ou jouez atout. Art. 26.

44. Si vous n'avez pas de couleur à jouer, faites couper votre adversaire de droite.

45. Si la navette s'établit chez vos adversaires, coupez de votre plus grosse carte, et jouez atout.

46. Si elle s'établit avec votre partenaire, il faut quelquefois couper sa carte maîtresse pour faire une levée de plus.

47. Lorsque la carte troisième, jouée par votre adversaire de droite, est roi, il faut la couper.

48. On doit, dans bien des cas, couper avec sa plus grosse carte, comme aussi, souvent il est sage de ne pas couper du tout. Art. 40.

VIII.

Des Indications.

49. Un des moyens les plus sûrs de réussite est de faire connaître à son partenaire le jeu que l'on a ; surtout sa couleur forte.

50. Si vous avez le roi et la dame, jouez le roi ; s'il passe, faites atout.

51. Si vous avez l'as, le roi et la dame jouez l'as, et, s'il y a lieu, faites atout.

52. Si vous avez pour singleton, un as, un roi, une dame ou un valet, vous pouvez jouer le singleton. Art. 10.

53. Si vous avez une séquence de moyen ordre, jouez dans la plus forte carte. Art. 7.

54. Jouer un singleton d'atout, cela indique au moins deux couleurs fortes.

55. Entamer une couleur, puis une autre, cela indique à votre partenaire de venir dans la première. Art. 38.

56. Si après avoir épuisé tout ou plus grande partie des atouts, vous entamez ou continuez une couleur, cela indique à votre partenaire de revenir lui-même dans cette couleur.

IX.

Des Coups possibles.

57. Presque tous les auteurs qui ont écrit sur le jeu de Whist, ont fait des frais de calcul et d'analyse plus ou moins savants, pour démontrer la possibilité de coups qui semblent, au premier aperçu, fort extraordinaires.

Ainsi ils arrivent, par la combinaison des cartes, au gain de cinq levées contre quatre honneurs, c'est-à-dire au gain de la partie. Sans doute ce coup est fort rare; mais il est bien plus rare encore, et bien plus piquant d'obtenir un semblable résultat, contre sept atouts dont les quatre honneurs.

58. Nous ne nous occuperons point ici de faire connaître l'arrangement des cartes et la jouerie des heureux partenaires, qui, dans cette dernière hypothèse, éprouveraient une joie si grande, une béatitude si complète; nous laisserons aux jeunes commençants le soin de disposer un jeu pour arriver à la solution de ce problème. Ce sera pour eux un enseignement propre à leur apprendre tout ce que cet admirable jeu a de ressources et de finesse.

59. Le hasard, au surplus, qui préside à la distribution des cartes, n'est point ce qui doit exciter notre admiration, mais bien l'habileté avec laquelle le joueur devine, agit, dirige et profite.

FIN.

TABLE

POUR

LE CODE DU WHIST.

<hr>

A

B

C

D

Donne. Art. 33, 38 et suiv.

E

Entame des couleurs. Art. 73 et suiv.
Erreur dans les cartes. 49, 82 et suiv.
Etaler. 65 et suiv.

F

Fautes. Art. 16, 17, 64, 123 et 124.
Fiches. 10, 13, 118 et suiv., 131 et 132.
Formation de la partie. 27 et suiv.
Fournir à la couleur. 79 et suiv.

G

Galerie. Art. 15, 20 et suiv., 94, 115, 136.
Gestes. 92 et suiv.

H

Honneurs. Art. 5, 6, 7, 8, 9, 101, 107 et suiv., 111 et suiv.

J

Jetons. Art. 10, 11, 12, 111 et suiv.
Jeu faux. 129 et 130.
Jouer. *Voyez* Tour à jouer.
Jouerie. 59 et suiv.

L

Levée. Art. 3, 4, 9, 101 et suiv., 111 et suiv.

'M

N

O

P

R

S

T

V

FIN DE LA TABLE.

www.ingramcontent.com/pod-product-compliance
Ingram Content Group UK Ltd.
Pitfield, Milton Keynes, MK11 3LW, UK
UKHW022208070726
13613UKWH00004B/1527